ORIGINE

DES SEIGNEURS

DU VIVIER

DU DIOCESE

D'ALET

EN

LANGUEDOC.

Chez ANTOINE COLOMIEZ,
Imprimeur, ruë des Aumurats, prés
le Palais. M. DC. XCVII.

ORIGINE
DES SEIGNEURS
DU VIVIER
DU DIOCEZE D'ALET
EN
LANGUEDOC.

LA grande naiſſance & le veritable nom des Seigneurs du Vivier du Dioceze d'Alet en Languedoc, ont eſté cachez pendant plus de huit cens ans, ſoûs le nom des Seigneurs du Vivier tant ſeulement,

A ij

& quoique neanmoins, on ait toûjours regardé cette maison avec diſtinction, à cauſe de ſa grande anciennecé, & du grand nombre des hommes d'une valeur extraordinaire qu'elle a donné dans tous les ſiecles, & à cauſe même des biens conſiderables qu'elle a poſſedés, il s'en faut pourtant beaucoup qu'on ne l'ait regardée comme le rejeton d'un ſang auſſi illuſtre que celui dont elle eſt ſortie ; on ſera perſüadé ſans doute d'avantage de cette verité, quand on ſçaura que les anciens Comtes ou Vicomtes de Narbonne, c'eſt-à-dire, ceux de la premiere Race, dont il reſte encore quelques branches dans cette Province, & dont la maiſon du Vivier du Dioceze d'Alet, eſt la plus ancienne, étoient ſortis de même ſang que Charlemagne. Et comme Narbonne fût autrefois la plus grande Ville & la capitale de la Gaule Narbonnoiſe, & par conſequent la plus considerable conquête des Carlovingiens sur les Sarrasins dans cette Province, & celle qui leur devoit être la plus chere, parce que c'étoit l'origine de leur Famille, de là vient aussi, qu'ils la donnerent à un Prince de leur sang, préferablement tout autre.

ARNAUD DE BEAULANDE, selon Andoque, fût le premier Comte de Narbonne, & selon Catel, ce fût AYMERI son fils (autrement dit le Duc ou le Comte Ingran, Ingorram, ou Ildegran) mais quoiqu'il en soit, ce fut l'un de ces deux qui fut le premier Comte de Narbonne, & c'est de Guillaume de Narbonne, Seigneur du Vivier, & de la Frontiere de Roussillon, fils d'un fils de cet Aymeri, & frere d'Eude de Narbonne Comte d'Orleans, que descendent en droite ligne masculine les Seigneurs du Vivier du Diocese d'Alet : Et pour la branche d'Eude

Comte d'Orleans (qu'on n'apellera dans la ſuite, que le Comte Eude) elle prit fin à ſon fils Guillaume, parce qu'aiant fait quelque entrepriſe en Bourgogne, qui étoit contraire au bien de l'Eſtat, par reſſentiment de ce que ſon pere fût depoſé d'Orleans, il eût la teſte tranchée par le commandement du Roy Charles le Chauve, bien que les Annales de St. Bertin p. 535. remarquent qu'il étoit de ſon ſang. Le Comte Eude avoit eſté depoſé long tems avant la mort de ſon fils, par Pepin Roy d'Aquitaine, quoique ſon couſin germain, parce qu'il fût ſoûpçonné, mais à la verité fort injuſtement, d'étre le confident de Bernard de Narbonne, Duc de Septimanie, & Comte de Barcelonne ſon couſin germain auſſi, qu'on accuſa malicieuſement d'adultere avec Judith ſeconde femme de l'Empereur Loüis le Debonnaire pere de Pepin ; voilà le veritable sujet de la disgrace du Comte Eude. Mais quoique bien des gens sçachent les grands troubles que causerent ces calomnieuses accusations dans toute la maison de Narbonne, & combien des malheurs, des cruautez & des guerres leur succederent, peut être que tout le monde ne sçait point qu'elles ne furent pas seulement le sujet de la deposition du Comte Eude, & de la mort de son fils, & de plusieurs autres de cette maison; mais qu'elles le furent encore par contre-coup, & à cause de la proximité de la disgrace de la famille de Guillaume Seigneur du Vivier son frere, & de tous ses descendans durant tous les Regnes des Carlovingiens, par les grand desordres & les affaires qui arriverent dans la suite, & c'est aussi pour cette raison, que des gens d'une qualité si relevée, furent obligez de se confiner au Vivier, qui étoit une des terres dans les Montagnes voisi-

nes de Roussillon, que leurs préde-
cesseurs avoient eu pour leur partage
de la maison de Narbonne, & dont
ils avoient pris le nom, parce que
c'étoit alors une Ville considerable,
& que c'étoit l'usage de ce tems - là,
& c'est par le changement qu'ils fi-
rent du nom de Narbonne, avec celui du Vivier, & à cause du long
tems qui s'est passé depuis ce changement, que presque tout le monde
a perdu de vûë la grandeur de leur
origine, & qu'ils ont insensiblement
demeuré dans ces Montagnes comme dans un exil, ou pour mieux dire
comme dans un profond oubli par
rapport à leur haute naissance ; mais
plûtôt que de s'étendre d'avantage sur
ce sujet, il est necessaire de revenir à
leur genealogie, & de sçavoir qu'Aymeri I. de ce nom, comte de Narbonne aïeul paternel de Guillaume
Seigneur du Vivier, & du Comte
Eude avoit épousé Ermengarde fille

de

de Boniface Roy de Pavie , de laquelle il eût sept fils & cinq filles, & que c'est de l'un des sept fils de cet Aymeri que Vivier & le Comte Eude étoient fils ; l'Histoire ne dit pas le nom de leur pere, mais elle dit qu'ils étoient cousins germains paternels de Bernard de Narbonne Duc de Septimanie · & Comte de Barcelonne , qui étoit fils de Guillaume au court nés ; fils aîné d'Aymeri, ce qui prouve qu'étant fils d'un frere de Guillaume au court nés , ils étoient fils par consequent de l'un des sept fils dudit Aymeri I. de ce nom, Comte de Narbonne, on pourra juger cependant de la grandeur de la qualité de la maison de Narbonne , par l'établissement d'une partie de la famille d'Aymeri, & puisque Guillaume au court - nés son fils aîné fût Connêtable de France, Duc de Guienne , de Languedoc , & de Provence , Comte de Toulouse, de

Narbonne, & d'Orange , & qu'il gouverna l'Empire , & qu'Ermengarde ou Blanche-fleur sa fille aînée, fût la premiere femme de l'Empereur Loüis le Debonnaire, fils & successeur de Charlemagne , & de laquelle il eût trois fils, Lothaire Roy d'Italie, Pepin Roy d'Aquitaine, & Loüis Roy de Baviere, & c'est pour cette raison qu'aiant dit ci-dessus que le Comte Eude étoit cousin germain de Pepin Roy d'Aquitaine , on peut bien dire par consequent, que Vivier son frere l'étoit aussi, de même que des deux autres Rois freres de Pepin, puisque le pere commun du Comte Eude & de Vivier, étant comme on a dit un des sept fils d'Aymeri, il étoit par la même raison un des sept freres de l'Imperatrice mere desdits trois Rois ; mais avec tout cela, ni la haute naissance de Vivier ni sa grande proximité avec la famille Imperiale, ne peurent pas faire que la

sienne rentrât jamais dans ses bonnes
graces , parce que Lothaire qui en
étoit l'aîné, aiant voulu détrôner son
pere , & l'aiant fait mettre dans un
Cloître pour le faire disposer par des
Religieux à se faire Moine , & à se
dépoüiller de l'Empire , il fût dé-
tourné de ses mauvais desseins, par
la generosité de Vivier & du Comte
Eude son frere , lesquels touchez par
la grande parenté qui étoit entr'eux
& ce Prince , de son malheureux
état , à l'exemple du Connestable
Guillaume leur oncle ; & du Duc de
Septimanie leur cousin , qui mene-
rent quantité des troupes de Bourgogne pour le délivrer, ils se mirent
aussi à la teste d'un grand nombre
d'Allemans , & des François, qui s'é-
toient assemblez de tous côtez, pour
venir à son secours ; & s'étant tous
joints ensemble , contraignirent non-
seulement ce fils barbare de rendre
la liberté à son pere, mais encore de

se retirer promptement dans son Roïaume ; mais comme son armée étoit restée dans la Neustrie sous les ordres des Comtes Lambert & Matfroi, & que ces Generaux pretendoient s'y maintenir par leurs propres forces , & en dépit de l'Empereur; Vivier & le Comte Eude son frere , ne pouvant souffrir leur entreprise ; marcherent à eux avec tant de diligence, & il y eût un combat si sanglant, que Nitard dit dans son histoire des fils de ce Prince ; p. 328. qu'il y eût un nombre innombrable des soldats tuez dans cette occasion ; mais que Vivier, qu'on apelle Guillaume dans un autré endroit, & le Comte Eude son frere resterent aussi sur la place , de même que Vodon & Fulbert ; qui étoient deux autres Seigneurs de marque , qui étoient aussi du parti de l'Empereur , ce qui fit que l'avantage ne fût pas à la fin du côté de ce Prince , à cause que les plus con-

siderables

siderables de son Armée aiant esté
tués, l'épouvante se mit si fort par-
mi les autres, qu'ils furent tous mis
en deroute; cependant les victorieus
ne perdant point de tems manderent
à l'heure même à Lothaire, qui comme on a dit, s'étoit retiré, de revenir
aussi promptement qu'il pourroit, ce
qu'il fit, & aiant encore assemblé un
plus grand nombre des Troupes, il fit
marcher son Armée vers Chalon, &
l'aiant assiegé, il pressa si fort cette
Place durant trois jours, qu'il l'a prit
de force, & brûla tout, sans épargner
même les Eglises, & non content
d'une telle expedition, il fit non-seu-
lement trancher la teste à Gausselin
Comte de Champagne, frere de Bernard de Narbonne, Duc de Septimanie, qui commandoit dedans;
mais encore il fit mettre Gerberge sa
sœur qui étoit Abesse, dans un ton-
neau percé, & la fit jetter dans la Saô-
ne, quoiqu'ils fussent tous deux ses

couſins germains & de même ſang que lui, de quoi l'Empereur fût ſi fort irrité qu'il en fût au deſeſpoir: Et ce ſont cependant des cruautez qu'il eſt neceſſaire que le Lecteur remarque, afin qu'il ſoit perſuadé, comme il doit l'être, de l'averſion & du reſſentiment injuſte, que les fils de ce Prince a-voient conçû contre toute la maiſon de Narbonne, à cauſe des preten-dües amours du Duc de Septimanie avec l'Imperatrice Judith, & qu'il ſoit moins ſurpris en même tems de ce que la maiſon du Vivier, qui en étoit une branche ſi proche, tomba par contre-coup dans une ſi grande diſgrace, & de ce que pour s'éloig-ner de la tempête, elle ſe confina inſenſiblement au Vivier; mais com-me pour ſurcroi de malheur, l'Em-pereur vint à mourir quelque tems aprés, & que Lothaïre comme étant l'aîné de ſes fils, prit les Rennes de l'Empire, on peut bien juger que la

famille que Vivier laiſſa , quoique ſon couſin germain auſſi , ne fût guere dans ſes bonnes graces , ſe reſſouvenant ſans doute fort bien que lui & le Comte Eude ſon frere , & les autres dont on a parlé ci - deſſus, l'avoient contraint de rendre la liberté à ſon pere , lorſqu'il avoit formé le deſſein de le détrôner , ce qui détermina apparamment ceux qui ſuccederent à Vivier de ſe tenir à l'écart de ce Prince , & de ſes Freres , & d'habiter les terres voiſines de Rouſſillon, que leurs prédeceſſeurs avoient eu pour leur partage de la Maiſon de Narbonne, & d'où ils n'ont plus bougé dépuis , parce que les diſgraces de cette maiſon augmenterent de jour en jour , & que Bernard Duc e Septimanie , qui en étoit le chef, iant eu peu de tems aprés quelque emêlé avec Charles le Chauve, Fils u ſecond lit de Loüis le Debon-
aire , & ſon ſucceſſeur au Roïaume

de France , ce Prince pour ne pas ceder en cruauté à ſes Freres , à l'égard de la maiſon de Narbonne , & ſoûs pretexte que le Duc de Septimanie vouloit s'attribüer la Puiſſance Souveraine , lui fit trancher la tête par le Jugement des Pairs du Roïaume ; ſi bien , que cette mort eût des ſi fortes & de ſi longues ſuites , & qui rendirent tellement odieuſe toute la maiſon de Narbonne auprés de Charles & de ſes Succeſſeurs , & par conſequent , auſſi la Maiſon du Vivier (qui en étoit une branche fort proche , & qui étoit déja diſgraciée ,) qu'elle n'en peut plus revenir , parce que Guillaume Fils aîné du Duc de Septimanie aiant obtenu pour venger la mort de ſon Pere , un notable ſecours d'Abdiramen , Roy des Sarraſins , fit une ſi cruelle Güerre à Charles le Chauve , & ravagea ſi fort le Langüedoc par toute ſorte d'Actes d'hoſtilité , que tous les Hiſ-

toriens qui ont parlé de cette Guer-
re, difent qu'on ne vit jamais rien de
pareil, & que pendant un fort long-
tems tous les grands Chemins é-
toient fi remplis des Soldats de l'Armée de Guillaume, qui fe détachoient
pour tüer, & pour piller, que per-
fonne n'ofoit aller ni d'un côté ni
d'autre, ainfi qu'il eft à plus prés té-
moigné dans une Lettre du Prêtre
Elogius, écrite à Vviliefinde, E-
vêque de Pampelune, qui eft rapor-
tée par Cafeneuve p. 48. dont voici
les paroles, *Stipata prædonibus via
& funerofo quondam Vuilielmi tota
Gothia perturbata erat incurfu qui ad-
verfus Carolum Regem Francorum eo
tempore auxilio fretus Habdaragmanis
Regis Arabū tyrannidem agens invia
& inadibilia cunſta reddiderat:* Mais
comme Guillaume voulût enfuite fe
rendre maître de la Ville de Barcelonne, parce qu'elle avoit apartenu
à fon pere, & qu'il n'avoit pas bien

pris ſes meſures, il échoüa non - ſeulement dans ſon entrepriſe, mais encore il y fût arrêté, & enſuite exe-
cuté, ce qui fit que Bernard un frere puîné qu'il avoit, & qui n'é-
toit pas d'un temperament plus tran-
quile, ne pouvant ſe conſoler de ſa
mort, ni de celle de ſon pere, en-
treprit de les venger ſur la perſonne
même de Charles le Chauve. De
ſorte que de ſi groſſes affaires, &
des deſſeins de cette nature ne pouvant que produire des reſſentimens
proportionez dans le cœur de Charles, & même dans celui de ſes Succeſſeurs, contre toute la Maiſon de
Narbonne, Il ne faut pas s'étonner,
ſi la maiſon du Vivier, qui en étoit
comme on a déja dit quelquefois,
une brancheſi proche, ſe reſſentit ſi
fort par contre - coup de ſes diſgraces, & ſi tant de malheurs, &
tant d'échaffauts enſanglantez du ſang
de Narbonne, & une infinité des de-

fordres qui arriverent dans la fuite,
entre quelques autres de cette maifon,
& les Succeffeurs de Charles, & qui
feroient trop longs à raconter, con-
finerent infenfiblement au Vivier (durant tous les Regnes de ces Prin-
ces,) tous les Seigneurs du Vivier,
quoiqu'ils fuffent de même Sang, &
comme il y a cependant un tres-
long-tems de toutes ces chofes, &
que le nom du Vivier eft d'une tres-
grande ancieneté : de là vient que
bien des gens qui fçavent que les
Seigneurs du Vivier portent dépuis plufieurs fiecles ce nom, au-
roient peut-être peu douter par cette raifon, qu'ils foient fortis de la
maifon de Narbonne; Mais ils ver-
ront à prefent que Vivier qui fut tué
avec le Comte Eude fon Frere, pour
les interefts de l'Empereur Loüis le
Debonnaire contre fes fils, & de qui
les Seigneurs du Vivier defcendent
en droite ligne Mafculine, étoit Fils

d'un Fils d'Aymeri I. de ce nôm, Comte de Narbonne, & qu'ainſi il n'y a plus lieu de s'étoner que les Seigneurs du Vivier ſoient ſortis de la Maiſon de Narbonne, quoi qu'ils portent dépuis tres - long - teins le nom du Vivier, & d'autant plus qu'il y a peu de gens qui aïent quelque connoiſſance des ſiécles paſſez, qui ne ſçachent que c'étoit l'uſage autrefois que les Cadets de la plus haute qualité quitoient le nom de leurs familles, pour prendre celuy des Terres, ou des Gouvernemens qui leur tomboient en partage, il eſt vrai, que pour faire connoître ſon Origine, on étoit obligé de conſerver les Armes de la Maiſon d'où on étoit ſorti, parce qu'en ce tems-là bien des gens ſe donnoient la liberté de prendre des noms Illuſtres, qui ne leur appartenoient pas, & c'eſt pour remedier à ces abus, qu'on ordonna que les Armes fuſſent

hereditaires

hereditaires, & que pour châtier dans le monde par la raillerie ceux qui faisoient de ces usurpations, on s'avisa de traiter de faux le nom qu'ils usurpoient, comme par exemple un homme qui auroit pris le nom de Narbonne, sans être veritablement du sang de Narbonne, on l'auroit apelé Narbonne le faux, & ainsi des autres noms. Les Seigneurs du Vivier du Diocese d'Alet ne tomberent pas dans cet accident, au contraire ils quiterent le nom de Narbonne, qui étoit leur veritable nom, & leur nom naturel, pour prendre celui de la Terre du Vivier, qui étoit, comme on a dit, une des Terres qui leur avoient esté baillées en partage de la Maison de Narbonne ; mais comme c'étoit pour suivre l'usage de ce tems-là, & que pour faire connoître sans doute leur Origine, ils ont porté toûjours dépuis pour Armes un Champ des Gules pur sans le mêler jamais d'aucune Alliance, qui font les veritables Armes de la Maison de Narbonné, & que d'ailleurs, la Maison du Vivier est la seule dans ces Montagnes, & dans le Diocese d'Alet, qui porte les Armes de cette Maison, & que presque toutes les Histoires de Languedoc designent le Château du Vivier, pour le lieu où est établie dépuis plusieurs siécles une branche de la Maison de Narbonne, de la premiere Race, & qu'outre cela dans l'Histoire particuliere de Berenguier, Vicomte de Narbonne, faite par Catel & par Andoque, il est aussi parlé d'un parent de ce Vicomte, qu'il mit dans Alet, pour défendre cette place, & qu'on fit mourir, & qui selon la tradition generale du Païs, étoit de la maison du Vivier, toutes ces circonstances ensemble, quand Nitard n'auroit point parlé claire-ment, comme il a fait, prouve-

roient inconteſtablement , que non-
ſeulement la Maiſon du Vivier du
Dioceſe d'Alet, eſt ſortie de la Maiſon de Narbonne de la premiere
Race, Mais encore qu'elle eſt la plus
ancienne Branche de cette Illuſtre
& Grande Maiſon, auſſi ſelon Nitard , les Seigneurs du Vivier en ſont
ſortis prés de trois cens ans plûtoſt
que le Comte Bernard Pelet , qui eſt
la Tige des autres Branches de cette
Maiſon , & qui n'eſt ſorti que de
Bernard Berenguier Vicomte de Narbonne. On pourroit bien encore al-
leguer pour une forte preuve de la
grandeur de l'Origine de la Maiſon
du Vivier, le grand nombre des hommes d'une valeur extraordinaire ,
qu'elle a donné de tout tems , puiſ-
que ce n'eſt ordinairement que dans
les Naiſſances Illuſtres & relevées ,
que la vertu & le courage ſont hereditaires , & c'eſt auſſi ſans doute par
cette raiſon qu'on doit être convain-

cu , qu'il ne pouvoit fortir que des rejettons d'une extréme valeur, d'u-ne Maifon qu'on va voir qui étoit de même fang que Charlemagne , fang fi Noble & fi grand pour toutes chofes, & pour avoir donné des Prin-ces dignes de l'Empire du monde, que cela feul comprend tous les éloges qu'on peut lui donner ; Et pour faire voit que la maifon de Narbonne, dont la Maifon du Vivier eft fortie , étoit de cet Illuftre fang, on ne fe conten-tera pas de raporter ici le témoig-nage des Annales de faint Bertin , p. 535. qu'on a déja cité au com-mencement , quoi qu'un Hiftorien tres - renommé , & tres - fidele ; mais voici encore celui de Thegan , Chorevêque de Treves , qui étoit auffi l'Ecrivain le plus digne de foy qu'on pouvoit trouver fur cette ma-tiere, qui affeure pofitivement dans la vie de Loüis le Debonnaire p. 163. que Bernard de Narbonne Duc

de

de Septimanie (qu'on a dit qui étoit cousin germain paternel de Vivier, & du Comte Eude, & qui fût accusé d'adultere avec l'Imperatrice Judith) étoit du Sang Roïal, & Filleul de [illegible], *qui erat de stirpe regali & Domini Imperatoris ex Sacro Fonte baptismatis filius*, ce sont le propres termes de Thegan; & enfin, pour surabondance de preuve, voici la Genealogie de la maison de Narbonne, & de celle de Charlemagne, qu'on a ramassé soigneusement, à commencer par Aymeri I. de ce nom Comte de cette Ville, & sur laquelle sans doute les Fameux Thegan & St. Bertin ont avancé que ces deux maisons étoient de même sang.

AYMERI I. de ce nom Comte de Narbonne (autrement dit le Duc, ou le Comte Ingran, Ingorram, ou Ildegran) beaupere de l'Empereur Loüis le Debonnaire, &

ayeul paternel de Guillaume de Narbonne Seigneur du Vivier & de la
frontiere de Roussillon, étoit fils de
ce vaillant Prince Arnaud de Beaulande, qui commandoit la Bataille
conjointement avec Charlemagne,
quand il tua en Espagne de sa pro-
pre main Aigoland Roy Sarrasin.

Lisez Histoire corrigée de Belle-Forest, fol. 70.

ARNAUD DE BEAULANDE
étoit fils du Prince Charles, frere
puîné du Duc Chidelbrand.

LE PRINCE CHARLES étoit
fils du Duc Martin.

LE DUC MARTIN étoit fils
du Duc Clodulphe.

LE DUC CLODULPHE
étoit fils du Duc Arnoul, autrement
dit St. Arnoul de Mets, & frere puîné du Duc Anchises.

BRANCHE DE
Charlemagne.

LE DUC ANCHISES étoit
pere de Pepin le Gros, Duc de

Braban, autrement dit Pepin Heriftel.

PEPIN LE GROS étoit pere de Charles Martel, Maire du Palais, & Prince des François.

CHARLES MARTEL étoit pere de Pepin le Bref, Premier Roy de France de la feconde Race.

ET PEPIN LE BREF étoit pere de Charlemagne, tres-digne Empereur, & Roy de France.

Voilà la veritable Genealogie de la Maifon de Narbonne de la Premie-re Race, & de Charlemagne, ou pour mieux dire, d'une des plus Gran-des Races de la Terre, & pour faire voir qu'elle étoit originaire de Nar-bonne, & que par cette raifon, elle avoit fujet d'aimer cherement le lieu de fon Origine, & de le donner, quand elle l'eût conquis fur les Sar-rafins, à un Prince de fon Sang, pré-ferablement à tout autre, il faut fça-oir qu'Ansbert le Grand Senateur, ui étoit le fixiéme aïeul de Charle-

Voiez le Frãc Aleu de Caze-neuve, pag. 30.

magne , & le chef de cette Illustre Race étoit natif de Narbonne , & que c'étoit un Prince tres - Puissant, qui avoit des fort grands biens dans la Septimanie , & cinq Duchez dans l'Aquitaine ; Mais parce qu'il fût fait Premier Marquis du Saint Empire , par l'Empereur Justinien , & qu'il dévint Seigneur presque de toute l'Austrasie, il s'établit en Allemagne, & êpousa Blitilde Fille de Clotaire Roy de France, de laquelle il eût trois Fils, Arnoul, qui fût Duc comme son Pere , & succeda à ses grands biens , Modelric Evêque de Mets, & St. Ferriol, Evêque d'Uzés, de l'Origine duquel Caseneuve en son traité du Franc - Aleu p. 30. dit ces paroles, *Sanctus Ferreolus natione Narbonensis à Nobilissimis parentibus Originem duxit hujus genitor anspertus ex Magno Senatorum genere prosapiam nobilitatis dedulens accepit Clotarii Regis Francorum fi-*

liam vocabulo Blitil. Paul - Emile, pouſſe encore bien plus loin cette Genealogie p. 61. car il dit parlant de quelques-uns de cette IlluſtreRace, qu'ils étoient d'une ſi grande & an- cienne Maiſon, qu'ils ſe diſoient deſ- cendus d'Anchiſes Prince Troïen, (que tout le monde ſçait, pere d'Æ- née ce Grand Roy Latin,) & que pour cette raiſon, pluſieurs de cette maiſon prenoient le nom d'Anchiſes; il eſt vrai qu'on peut remarquer ci- deſſus, que Pepin le Gros Duc de Braban, Pere de Charles Martel Fils du Duc Anchiſes; Virgile & tous les autres Poëtes fameux de l'antiquité, vantoient ſi fort la gran- deur de l'origine d'Anchiſes qu'ils le faiſoient deſcendre de la Race des Dieux.

Et pour ce qu'on apelle la ſecon- de Race des Comtes de Narbonne, elle commence à Pierre de Lara, Fils de Menrico de Lara, Grand

Seigneur de Castille, & d'Ermesinde de Narbonne, sœur puînée d'Aymeri I V. de ce nom dernier Comte
de Narbonne de la Premiere Race,
qui mourut sans enfans ni freres, à
cause de quoi Ermengarde sa sœur aînée lui succeda au Comté de Narbonne ; mais n'aiant pas aussi des enfans des deux Maris qu'elle avoit eu,
elle apela à sa succession Pierre de
Lara son Neveu, fils d'Ermesinde,
lequel quita le nom de Lara, & prit
celui de Narbonne, il avoit une sœur
nommée Mafalde, qui fût Reyne de
Portugal, & lui il épousa Sanche,
Fille de Garcia Ramir Roy de Na-
varre, de laquelle il eût deux Fils,
Aymeri & Roderic ; Aymeri lui succeda au Comté de Narbonne, & Roderic eût plusieurs autres Terres en
Languedoc, & en divers Païs, &
c'est de ce Roderic que sont sorties les
Maisons de Fimarcon, de S. Girons,
& de Birac, & de tous ceux qui

portent le nom de Narbonne en Gaſ-
cogne, & c'eſt ce qu'on apelle com-
miùnement, la ſeconde Race de Narbonne ; mais qui, à parler plus pro-
prement, n'eſt qu'une Race êtran-
gere, hantée ſur la Maiſon de Narbonne, ce qui fait cependant que
les ignorans, dans l'Hiſtoire de Languedoc, confondent ſouvent ces deux
Races enſemble, & qu'ils n'en font
qu'une, parce qu'ils ne ſçavent pas
toutes ces differences.